I0399906

www.ingramcontent.com/pod-product-compliance
Lightning Source LLC
Chambersburg PA
CBHW072055110526
44590CB00018B/3185
* 9 7 8 1 7 7 8 1 4 7 3 2 6 *

بِسْمِ اللهِ الرَّحْمٰنِ الرَّحِيْمِ

فاصلے

نوشین راؤ

فاصلے درمیاں اس قدر ہو گئے
مطمئن ہم انھیں بھول کر ہو گئے

Copyright © 2022 Nosheen Rao

All rights reserved. No portion of this book may be reproduced in any form without permission from the publisher, except as permitted by copyright law

اپنی پیاری ماں کے نام

بچھڑ مجھ سے گئے دستِ دعا میرے
دعائیں کرنے والے اب نہیں ملتے

فہرست

فاصلے درمیاں اس قدر ہو گئے	1
اپنی رہ میں دیے جلائے کون	3
ہمیں بس اس سے یہی گلہ ہے	5
خموشی کا سفر ، ان کے اثر سے ٹوٹ جاتا ہے	7
آسماں سے اُترنا پڑتا ہے	9
کسی اچھے سے ٹھکانے کے لیے چل رہے ہیں	11
خفا ہیں مجھ سے ناخدا میرے	13
اُن آنکھوں سے اُجالے اب نہیں ملتے	15
لوگوں کی نظروں سے جو اوجھل ہیں	17
مقابلے سے جو بھاگتا ہے	19
ہماری آنکھوں میں اکثر یہ خواب ملتے ہیں	21
بھیڑ میں لوگوں کی وہ اوجھل لگتا ہے	23
مری ذات کے بے نشاں ہونے پر	25
ہم کہیں کیسے کہ وہ کس کی خطا ہے	27

29	نہ سمجھو تمہیں بھول ہی ہم گئے ہیں
31	حسن کو یاد کرنے سے کیا ہوتا ہے
32	وہ خطائیں جو اس نظر کی ہیں
34	بندگی اور سرکشی کی حد میں ہے
36	کوئی کچھ بھی کہے ، دل بے اثر ہے
38	ہم سفر ، تو اگر ، ٹھہر جاتا
40	دھوپ چھاؤں سی انا ہے
42	تیری یادوں کا سلسلہ جانے دیا
44	روٹھے ہی رہیے ، جو خفا ہوئے ہیں
46	چاند پھر ڈھل گیا ہے ، ابھرنے کے بعد
48	آنکھوں میں ان کی ذرا سا دیکھتے ہیں
50	کچھ تو کرنا تھا ، سو کر گئے ہم
52	اگر ملتی فرصت ، یہ زحمت بھی کرتے
54	کچھ نہیں سوچا ، جانے سے پہلے
56	ہم جانتے ہیں ، ہم نے اچھا نہیں کیا
58	محفلوں میں جو بڑا چنچل لگتا ہے

ہم سفر ، تو اگر ، ہم نوا ہو	60
آزمانے کے لیے ، جھوٹ بھی وہ بولتا ہے	62
ہنگامہ کرنے سے یا قیامت اُٹھانے سے	64
اب ہم نوائی چاہیے ، یا پھر جدائی چاہیے	66
دوست تجھ کو تھی جلدی اگر جانے کی	68
ریت کے جیسے ، ہے جا رہی زندگی	70
کچھ نہیں ہوتا ، کسی کے بے وفا ہونے سے	72
اس ہنسی میں بھی غم سمجھتے ہیں	74
ہر دلاسہ دل کے بہلانے کو ہے	76
ایسے ہیں ہم تو پیار کے بس میں	78
چپ بہت رہ لیے دوست ، پر اب نہیں	80
ہماری زندگی کیسے بسر ہو !	82
خود کلامی	84
دنیا اور ہم	86
اشعار / قطعات	88-122
کرونا کے نام	123

اعتراف	124
دھوکا	125
مہلت	126
تجربہ	127
مان	128
تارے ناچتے ہیں	129
سرِ عام	130
مزاج	131
اندازہ	132
محبت کی حد	133
سامنا	134
رنجش	135
محبت کے دکھ	136
کم ظرف	137
منزل	138
ہجر ہی ہجر	139

روایت	140
آزمائش	141
کہا	142
بے ذوق	143
بے معنی	144
آگ اور پانی	145
فطرت	146
سزا	147
چھوٹا	148
ہجوم آگہی	149
خواب	150

فاصلے درمیاں اس قدر ہو گئے
مطمئن ہم انھیں بھول کر ہو گئے

زندگی یہ ہوئی ، صورتِ خواب بھی !
اور کبھی ، خواب کچھ ، خوب تر ہو گئے

جو کہا ، گر کبھی ، وہ فقط تھی خطا
ان کہے ، سب گلے ، معتبر ہو گئے

سوچتے ہیں ، سفر اب کٹے کس طرح
دور ہم سے کئی ہم سفر ہو گئے

بھول ہی ہم گئے داستاں وہ تمام
ثبت کچھ لہجے دل پر مگر ہو گئے

جانتے ہیں ، کبھی تھے وہ اہلِ وفا

اور پھر بے وفا عمر بھر ہو گئے

اپنی رہ میں دیے جلائے کون
پھر ہواؤں سے بھی بچائے کون

دوست اپنے وفا کریں شاید !
دوستوں کو اب آزمائے کون

جنہیں غلطی غلط نہیں لگتی
انہیں کوئی سبق سکھائے کون !

سنا ہے وہ بہت بدل گئے ہیں
ان کی باتوں میں پھر سے آئے کون !

بارہا جو نظر سے گر چکے ہیں !
ان بتوں سے نظر ملائے کون

آگ بھڑکانے میں تو آگے تھے !
اب لگی آگ ، تو بجھائے کون

یہ سمندر کسی کے بس میں نہیں
ساحلوں پر محل بنائے کون

زندگی سے بھروسہ اٹھ گیا ہے !
کب کہاں ، ہم کو چھوڑ جائے کون !

ہمیں بس اس سے یہی گلہ ہے
کہ دشمنوں سے وہ مل رہا ہے

ہُوا پسِ پشت وار اک اور
لہو اب آنکھوں تک آ گیا ہے

وہ شخص چپ چاپ ہو گیا ہے !
وہ شخص دنیا سمجھ گیا ہے

کہیں کسی پل ، یہ گر نہ جائے
کہ گھر ہواؤں میں آ گیا ہے

ہر اک کو عزت کی پروا کب ہے ؟
یہ بس غریبوں کا مسئلہ ہے

ترے بچھڑ جانے کا وہ منظر !
ہماری آنکھوں میں بس گیا ہے

چلو سبھی کچھ خدا پہ چھوڑو !
بے چارگی کا بھی کیا مزا ہے

خموشی کا سفر ، ان کے اثر سے ٹوٹ جاتا ہے
سمندر کا سکوں جیسے بھنور سے ٹوٹ جاتا ہے

دکھاوے کی محبت تو بھرم بس ایک ہوتی ہے
بھرم لیکن یہ ان کی اک نظر سے ٹوٹ جاتا ہے

اُڑا کر ساتھ لے جاتی ہے پھر آوارگی اس کو
کوئی پتّہ ، اچانک جب ،شجر سے ٹوٹ جاتا ہے

زمانہ ہو گیا ترکِ مراسم کو مگر پھر بھی !
یہ دل ان کی اداسی کی خبر سے ٹوٹ جاتا ہے

ارادہ کرتے ہیں اکثر کہ ان سے ملنے جائیں پر
ارادہ زندگی کے شور و شر سے ٹوٹ جاتا ہے

کوئی منزل ، کوئی حاصل ، کوئی ساحل نہیں نوشینؔ
محبت کا مسافر تو سفر سے ٹوٹ جاتا ہے

آسماں سے اُترنا پڑتا ہے
اپنا کرنا تو بھرنا پڑتا ہے

آتا ہے جب کبھی کوئی طوفاں
پتّوں کو پھر بکھرنا پڑتا ہے

نیند تو سولی پر بھی آ جائے !
خوابوں میں پھر اترنا پڑتا ہے

نفرتیں کرنا بھی کب آساں ہے ؟
خون آنکھوں میں بھرنا پڑتا ہے

برسوں ڈوبے سفینوں کو اکثر
ایک دن پھر اُبھرنا پڑتا ہے

منزلیں پانے کے لیے نوشین
رستوں سے تو گزرنا پڑتا ہے

کسی اچھے سے ٹھکانے کے لیے چل رہے ہیں
دوستو ! رُک کہیں جانے کے لیے چل رہے ہیں

دُنیا کی محفلوں سے اُکتا گئے ہیں لیکن !
زندگی تجھ کو نبھانے کے لیے چل رہے ہیں

رُک رہے ہیں کئی ، جو ساتھ تھے چلنے والے
رُکنے والوں کو ستانے کے لیے چل رہے ہیں

جل چکا آشیاں ، اور جل گئے سپنے سارے
محض اب خاک اُڑانے کے لیے چل رہے ہیں

عمر بھر اپنے لیے سوچنے والے اکثر
اصل میں وہ بھی زمانے کے لیے چل رہے ہیں

ٹھوکریں کھاتے رہے ہم بھی کئی رستوں پر !
سنگ ہر رہ سے اُٹھانے کے لیے چل رہے ہیں

ہم سفر سارے نہیں ، ساتھ یہ چلنے والے
کئی ، دنیا کو دکھانے کے لیے چل رہے ہیں

چل رہے ہیں جو زمانے سے بدل کے راہیں !!
خود کو وہ اُونچا اُڑانے کے لیے چل رہے ہیں

آپ سے ملنے بڑی دور سے ہم آئے تھے !
اور اب اس شہر سے جانے کے لیے چل رہے ہیں

کُچلے جائیں گے اگر رُک کہیں ہم جائیں اب !
خود کو نوشینؔ بچانے کے لیے چل رہے ہیں

خفا ہیں مجھ سے ناخدا میرے
لوٹ آ! اب تو ناصحا میرے

ڈٹ گیا ہے یہ دل بغاوت پر
کوئی حق میں کرے دعا میرے

ظرف تو پایا نوعِ انساں کا
اور بنے بیٹھیں ہیں خدا میرے

بے وفا کوئی کیسے ہو جائے؟
ہاتھ آتا نہیں سرا میرے

میرے آواز دینے پر نہ رکا
پاس سے وہ گزر گیا میرے

ایک آواز جو سنی اس کی
دل نے سب کچھ بھلا دیا میرے

بے وفا ہی سہی مگر نوشینؔ!
زعم کا حصہ وہ رہا میرے

اُن آنکھوں سے اُجالے اب نہیں ملتے
اور آنکھیں پڑھنے والے اب نہیں ملتے

فقط نسبت ہو کافی سر اُٹھانے کو
وہ اُلفت کے حوالے اب نہیں ملتے

بچھڑ مجھ سے گئے دستِ دعا میرے
دعائیں کرنے والے اب نہیں ملتے

شکستِ یار پر مضطر ہوئے پھرنا
سجن ہم سے نرالے اب نہیں ملتے

ہو جاتے دربدر تم ، گر نہ ہوتے ہم !
گماں یہ رکھنے والے اب نہیں ملتے

محبت کہتے ہیں اب دل لگی کو لوگ

محبت کرنے والے اب نہیں ملتے

زمانے سے تو سب ہی ڈرتے ہیں نوشینؔ

خدا سے ڈرنے والے اب نہیں ملتے

لوگوں کی نظروں سے جو اوجھل ہیں
کہیں زندہ ، وہ لوگ اس پل ہیں

کارِ دنیا میں اُلجھے یہ سب لوگ !
کبھی لگتا ہے ...... سارے پاگل ہیں

جانور بستیوں میں آ بسے ہیں
گھر سے محفوظ ٹھہرے جنگل ہیں

دِلوں تک آئے روشنی کیسے !
چار سُو چھائے گھرے بادل ہیں

آدھا سچ اور فیصلے پورے !
دوریاں بیچ ایسی حائل ہیں

دردِ دل گر سنا بھی دیں سب کو
سمجھیں گے بس وہی جو گھایل ہیں

واپسی کا سفر طے تھا ، پھر بھی
ہاتھ خالی ہیں ، پاؤں بھی شل ہیں

مقابلے سے جو بھاگتا ہے
شکست اپنی وہ مانتا ہے

ہو سکتا ہے دونوں ہی برے ہوں
مگر کوئی اک تو ہارتا ہے

چلو چلیں دشمنوں کے گھر آج
کہ دیکھیں یہ خون کھولتا ہے !

جو رہتا ہے آئنوں کے گھر میں
وہ صرف خود کو ہی دیکھتا ہے

ضرور ہو گا کوئی سیاسی
جو عزتیں یوں اچھالتا ہے

خدا سمجھتا ہے خود کو شاید

جو کوئی کرسی پہ بیٹھتا ہے

ہماری آنکھوں میں اکثر یہ خواب ملتے ہیں
کہ گزرے پل سے شبِ ماہتاب ملتے ہیں

کبھی وہ عرصہ ہمیں رابطہ نہیں کرتے !
کبھی جو ملنے لگیں ، بے حساب ملتے ہیں

سوال کرتے ہیں وہ تو کمال کرتے ہیں
سوالوں میں چھپے اکثر ، جواب ملتے ہیں

یہ دل اداس ہوا جان کر نیا کوئی سچ
یوں آگہی کے جہاں میں عذاب ملتے ہیں

شگفتگی ملے اکثر پرائے لہجوں میں
کہ اپنوں سے تو مسلسل عتاب ملتے ہیں

نصیب جن کو نہیں روٹی ، کپڑا اور مکان
دلوں میں ان کے ہی پھر انقلاب ملتے ہیں

منافقت ہے جھلکتی کلام سے یکسر
کبھی اکیلے جو عزت مآب ملتے ہیں

جو آنکھیں ہو بہو تھیں آئنہ کبھی دل کا
چڑھے ان آنکھوں پہ پیہم نقاب ملتے ہیں

وہ بے مثال ہیں نفرت نبھانے میں نوشینؔ
محبتوں بھرے جن کے خطاب ملتے ہیں

بھیڑ میں لوگوں کی وہ اوجھل لگتا ہے
بادلوں میں چاند بھی بادل لگتا ہے

ڈوب جاؤں تو سنبھلنا مشکل ہو جائے
یادوں کا دریا کبھی دلدل لگتا ہے

زندگی اپنی گزر ہی جیسے گئی !
زندگی کے جانے میں اک پل لگتا ہے

آج کل یہ دل کہیں لگتا ہی نہیں
آج کل یہ دل بڑا بوجھل لگتا ہے

دیکھنے میں جو مکمل سا لگتا ہے
غور کرنے پر ذرا بے کل لگتا ہے

نام پانے میں زمانے لگتے ہیں اور

نام جانے میں فقط اک پل لگتا ہے

مری ذات کے بے نشاں ہونے پر
فسانہ ہے کل ، اُس جہاں ہونے پر

مسلسل ہنسی بھی وتیرہ ہو جائے
بے حد زندگی کے گراں ہونے پر

تغافل کا عالم ، ذرا سوچیے
یہی زندگی جاوداں ہونے پر

ملے آگہی مرحلہ وار کیوں
بنی بات الجھے عیاں ہونے پر

بہت کروٹیں رات بھر ہم نے لیں
کہ بستر خفا بے کراں ہونے پر

خدا کی عطا ہے ، سفر سوچ کا
کرے پھر کوئی کیا ،گماں ہونے پر

ہے درکار برسوں کا خود سے کلام
اچانک سے یوں بے زباں ہونے پر

فلک سرنگوں تھا زمیں کے لیے
دکھائی دیا آسماں ہونے پر

ہم کہیں کیسے کہ وہ کس کی خطا ہے
زندگی کو جس نے پرنم کر دیا ہے

جانتے ہیں کون کتنا بے وفا ہے
اپنے دل کو ہر فسانے کا پتا ہے

لازمی کچھ یادوں کا ٹھہرا سمٹنا !
چاہے جتنی تیز اب باہر ہوا ہے

لوگ تو ملتے بچھڑتے رہتے ہیں اب !
اپنا کیوں اتنا مگر چرچا ہوا ہے؟

کوئی سمجھے کیسے اس دل کی کہانی
کوئی سچ آنکھوں میں کب اس کی لکھا ہے

بے قراری میرے دل کی اب مکیں ہے
یہ لگی شاید کسی کی بددُعا ہے

اُنسیت ہر شخص سے جب ہو گئی تو
وقت اب اس شہر سے ہی جانے کا ہے

نہ سمجھو تمھیں بھول ہی ہم گئے ہیں
بہت شعر دل کی لگی پر کہے ہیں

وہ آنکھیں نہیں ہیں ، نہ سپنے رہے ہیں
بے معنی سفر میں چلے جا رہے ہیں

کڑی دھوپ جیسی رفاقت ہے اپنی
اُسی دھوپ میں ہم مسلسل کھڑے ہیں

ہمیں اپنا کوئی ، نہیں اب ہے لگتا
تمھیں جب سے اپنا سمجھنے لگے ہیں

ہمیں منزلوں کی ، نہ کوئی خبر ہے
محبت کے جب سے مسافر ہوئے ہیں

سفر کب مکمل ، ابھی ہو گیا ہے؟
فقط لوگ آنکھوں سے اوجھل ہوئے ہیں

کرم میرے رب کا ، بہت حوصلہ ہے
ہمیں زندگی سے نہ شکوے گلے ہیں

حسن کو یاد کرنے سے کیا ہوتا ہے
اور پھر آہیں بھرنے سے کیا ہوتا ہے

یہ ادا ملنے کی ، بس ہے رسمِ جہاں
ان اداؤں پہ مرنے سے کیا ہوتا ہے

کوئی صورت نہیں ، ہو وصالِ صنم
گلیاں وہ اب گزرنے سے کیا ہوتا ہے

منزلیں تو فقط ایک ہی ٹھہریں دوست
راستوں میں بچھڑنے سے کیا ہوتا ہے

اپنی تو زندگی گزری ہے شان سے
گزری اب باتیں کرنے سے کیا ہوتا ہے

وہ خطائیں جو اس نظر کی ہیں
بڑی مشکل سے بے اثر کی ہیں

کبھی ڈھائے ، بڑے ستم ان پر
اور دعائیں بھی رات بھر کی ہیں

یاد کر کر ، وفاؤں کے قصے
جفا کی باتیں در گزر کی ہیں

نہیں ممکن ، ہو چاہتیں ہر پل
بنا نفرت یہ بے اثر سی ہیں

لمحے تلخی کے ، مختصر لیکن
جڑی یادیں تو عمر بھر کی ہیں

ٹھنڈی میٹھی یہ روشنی نوشینؔ
شفقتیں ، تنہا اک قمر کی ہیں

بندگی اور سرکشی کی حد میں ہے
اس قدر دل آگہی کی حد میں ہے

اس کہانی میں انا ہے میرے دوست
یہ کہانی دل لگی کی حد میں ہے

اچھا ہوتا دوست ہی رہتا مگر
شکر ہے وہ دشمنی کی حد میں ہے

ہنستے ہنستے اکثر اب رو پڑتے ہیں !
اس قدر غم اب خوشی کی حد میں ہے

دل سمجھتا ہے وہ اب بھی پاس ہے
ناداں ہے دیوانگی کی حد میں ہے

روح اکثر لوگوں کی زندہ نہیں

جان لیکن زندگی کی حد میں ہے

کوئی کچھ بھی کہے ، دل بے اثر ہے
ترے لہجے کی بس ، دل کو خبر ہے

تری باتوں سے آتے جاتے ہیں رنگ
رتوں کے بس میں جیسے اک شجر ہے

ترے ہر لمحے سے ہے آگہی یوں
چکوری کی نظر اک چاند پر ہے

بے وقعت ٹھہری ، آمد بھی کسی کی
ترا پر ذکر بھی ہو ، معتبر ہے

گلہ کرتے نہیں ، خود ہی وگرنہ
پتا ہے کون کتنا خوب تر ہے

بے چینی زندگی میں چھا گئی یوں!
دیا جیسے ہواؤں کے اثر ہے

ہم سفر ، تو اگر ، ٹھہر جاتا
تیز پھر تیز یہ سفر جاتا

چل پڑے ... لفظوں کا ثبوت لیے !
وہ اگر قول سے مکر جاتا ؟

یہ کرم تھا کہ آزما نہ سکے
گھاؤ ورنہ نہ عمر بھر جاتا

تیری یادوں میں جینے والا دل
گر تری یاد سے ہی مر جاتا !

کرچیاں ہاتھوں سے چنی دل کی
جب کبھی ٹوٹ کر بکھر جاتا

ہر گلی ڈھونڈتے رہے نوشینؔ
کاش کوئی تو رستہ گھر جاتا

دھوپ چھاؤں سی انا ہے
جھولی پھیلی سر اُٹھا ہے

وہ سمجھتا ابتدا ہے
پیار کی جو انتہا ہے

دل نے تو دی ہے اجازت
پاؤں لیکن روکتا ہے

ذکرِ الفت وہ کرے کم
شکوے کرنا مشغلہ ہے

دم وفا کا وہ بھرے بس
ہم نے ایسا کب کہا ہے؟

جب سے وہ ہم سے خفا ہے
روٹھ دل سب سے گیا ہے

تیری یادوں کا سلسلہ جانے دیا
برسوں کا ایک مشغلہ جانے دیا

ہنگامہ چاہتے تو کر جاتے سوال
پر یونہی وہ معاملہ جانے دیا

اکثر اپنے گماں کا رخ موڑ دیا
دل کی وحشت کا مرحلہ جانے دیا

دل کو بھاتی وضاحتیں ڈھونڈ لی اور
الجھے خوابوں کا مسئلہ جانے دیا

تیرے ہر جھوٹ پر یقیں کرتے گئے
سچ کو کہنے کا حوصلہ جانے دیا

دل کو نوشینؔ ہر سبق یاد رہا
اس جیسا بھی کوئی ملا ، جانے دیا

روٹھے ہی رہیے ، جو خفا ہوئے ہیں
مصروف ہم بھی ، انتہا ہوئے ہیں

پھر سے صنم کیسے ہو جائیں ان کے
پہلے نہ جو اہلِ وفا ہوئے ہیں

وہ وہ نہیں ہیں ، اب بدل گئے ہیں
سن سن کے رسوا بارہا ہوئے ہیں

کوئی سفر ہونے نہ دے بے معنی
ہم ایسے بھی دستِ دعا ہوئے ہیں

فرصت ہو تو سوچو قصور ان کا
وہ پتّے جو دوشِ ہوا ہوئے ہیں

44

اک جا، رکے ہیں، اک شجر کے جیسے
یوں تو کسی سے کب جدا ہوئے ہیں

چاند پھر ڈھل گیا ہے ، اُبھرنے کے بعد
کھو گیا وقت اپنا ، گزرنے کے بعد

رات بھر آندھی چلتی رہی ، کب رکی !
پتّے پھر بکھرے اور ، بکھرنے کے بعد

ضبط کا امتحاں اس سے بڑھ کر نہیں
وہ نظر میں ہے ، دل سے اُترنے کے بعد

خود سے نظریں وہ کیسے ملاتا ہو گا !
چاہتوں کی کوئی بات کرنے کے بعد

راستہ اپنے گھر کا ، بدل لیتے ہیں !
سوچا پھر ، تیری رہ سے گزرنے کے بعد

سوچتے ہیں کہ کہہ دیں سبھی دل کی بات
بات اپنی رہ جائے گی ، مرنے کے بعد

آنکھوں میں ان کی ذرا سا دیکھتے ہیں
زندگی کا ہم ، خلاصہ دیکھتے ہیں

زندگی کا یہ سفر تو موت کا ہے !
اور مسافر شوقِ دنیا دیکھتے ہیں

ذات کی تاریکی بڑھ جاتی ہے اکثر
اور کبھی ہر سو اجالا دیکھتے ہیں

دیکھتے رہتے ہیں پر کہتے نہیں کچھ
خامشی سے جانے وہ کیا دیکھتے ہیں

الجھے الجھے سے بہت رہنے لگے ہیں
خود کو شاید وہ سراپا دیکھتے ہیں

نا سمجھ تھے وہ ، سمجھ ہی کچھ نہ پائے
زندگی کو جو ہمیشہ دیکھتے ہیں

کوئی سچ نوشینؔ ، دنیا کو بتا کر
آو پھر اپنا تماشہ دیکھتے ہیں

کچھ تو کرنا تھا ، سو کر گئے ہم
حد سے اپنی نکل ، پر گئے ہم

مدت اک گزری آوارگی میں
کیا ہو گا ، اب اگر گھر گئے ہم !

جانتے ہیں کہ کیا ہو گا انجام
تہہ میں اُس بات کی گر گئے ہم

درگزر کر رہے ہیں تو چپ ہیں
سوچو گر حلق تک بھر گئے ہم !

زندگی ... تیرا کیا ہو بھروسہ ؟
تجھ سے اے زندگی ڈر گئے ہم

رنجشیں ، عمر بھر کی ، وہ نوشینؔ

بھول سب اک صدا پر گئے ہم

اگر ملتی فرصت ، یہ زحمت بھی کرتے
تمہیں یاد کرنے کی جرات بھی کرتے

بڑی چہ سے نفرت نبھا جو رہے ہیں
ذرا کاش ہم سے محبت بھی کرتے

ہمارا جو سچ ہے ، ہمیں ہی پتا ہے
وہ گر پوچھتے ، ہم وضاحت بھی کرتے

یقیں آ بھی جاتا ، فسانے پہ ان کے
اگر تھوڑی شامل صداقت بھی کرتے

ہمیں بس محبت کی عادت ہوئی تھی !
اگر چاہتے تو عداوت بھی کرتے

کوئی ملنے آتا ، ہم اچھے سے ملتے
بناؤ بھی کرتے ، ضیافت بھی کرتے

ہمیں کو بہ کو ، رسوا یوں کرنے والو
وفا کی ، ذرا سی ، تو شہرت بھی کرتے

کچھ نہیں سوچا ، جانے سے پہلے
سوچا یہ ، لوٹ آنے سے پہلے

عین ممکن ہے ، آنکھ بھر آئے
عرضِ دل لب پہ آنے سے پہلے

گردشِ دوراں سے نہیں شکوا
چھاؤں تھی ، دھوپ آنے سے پہلے

جانتے تھے ، فسانہ کل ان کا
پھر سنا ، کچھ سنانے سے پہلے

بندہ پرور زمانے کے اس پل
مارتے ہیں ، بچانے سے پہلے

ظرف تو اپنا ، نوعِ انساں ہے
سوچنا تھا ، ستانے سے پہلے

بے رخی ان کی دیکھ کر نوشینؔ
بزم چھوڑی ، بہانے سے پہلے

ہم جانتے ہیں ، ہم نے اچھا نہیں کیا
پر اُس نے بھی ہمیں کم رسوا نہیں کیا

ہر شخص نے کیا ہے ، کچھ تو کبھی برا
یا کون ہے کہ جس نے ایسا نہیں کیا !

ہو گی کسی کے اپنے اعمال کی سزا
تدبیر سے تو ایسا ویسا نہیں کیا

آنکھوں سے پڑھ لے کوئی ، اس دل کی داستاں !
ایسا سبب ، کبھی بھی پیدا نہیں کیا

کچھ دائمی نہیں ، قدرت کے نظام میں
ساگر کو یونہی رب نے صحرا نہیں کیا

نقصان یا منافع ، قسمت کا کھیل ہے !
گھاٹے کا سوچ کر تو سودا نہیں کیا

پہرے بٹھا رکھے ہیں ہر سانس پر مگر
خوابوں پہ تو کسی نے پہرہ نہیں کیا !

محفلوں میں جو بڑا چنچل لگتا ہے
وہ کسی کی نظروں کا گھایل لگتا ہے

آپ کو کیا ہو پتا ، کیسا لگتا ہے
جب کبھی تنہائی میں جل تھل لگتا ہے

آپ کی محفل بھی کیا محفل ہے بھلا
ضبط کرنے والا ہی پاگل لگتا ہے

رتجگوں کی ہے ، بڑی لمبی داستاں
آپ کو جو آنکھوں کا کاجل لگتا ہے

وہ خفا رہتا ہے ، اب ہر اک بات پر
ناصحا ! اس بات کا کیا حل لگتا ہے

ایک دن تو بھول ہی جائیں گے اسے
آنا کچھ مشکل مگر وہ پل لگتا ہے

ہم سفر ، تو اگر ، ہم نوا ہو
خوبصورت ہر اک راستہ ہو

آزمانے سے فرصت ہو اس کو !
تو محبت کی بھی ابتدا ہو

بات کوئی غلط ہو گئی گر
ذکر کیوں اس کا پھر جابجا ہو

جن ہواؤں نے ہے گھر اُجاڑا
ان ہواؤں سے کیا آسرا ہو

کو بہ کو رسوا یوں کرنے والو
کچھ وفا کا بھی تو تذکرہ ہو

حد ہے، نفرت نبھانے کی بھی دوست

ذات میں رہ، اگر دائرہ ہو

کہنا، اب یاد آتا نہیں وہ

بے وفا سے اگر رابطہ ہو

روبرو کہیے، ہم سب سنیں گے

کوئی شکوہ اگر رہ گیا ہو

تیز بارش لگے یوں کہ جیسے

بادلوں نے مرا غم پیا ہو

آزمانے کے لیے ، جھوٹ بھی وہ بولتا ہے
وفا کو میری ، کئی زاویوں سے تولتا ہے

سنتی رہتی ہوں میں چپ چاپ کہانی اس کی
کہ فسانوں میں وہ اکثر کئی سچ کھولتا ہے

نغمہ یہ چاہتوں کا بھی ، بھلا کیا نغمہ ہے
آگ دل میں لگا کر ، کانوں میں رس گھولتا ہے

تلخیاں اپنی ہنسی میں وہ اُڑا دیتا ہے
اور میری ذرا غلطی پہ لہو کھولتا ہے !

بات بے بات ، وہ کہتا ہے ، بھلا دے گا مجھے
عمر بھر کی ، وہ رفاقت مری ، یوں رولتا ہے

وہ ادھورا ہے بہت ، ذات میں اپنی نوشینؔ

بہرِصورت جو مکمل خودی کو بولتا ہے

ہنگامہ کرنے سے یا قیامت اُٹھانے سے
دکھ کم نہیں ہو سکتے ، کسی کو ستانے سے

سن لو ستانے والو ! گلہ کیوں نہیں کیا
کیا ہوتا ، چار باتیں کسی کو سنانے سے

ارمانِ دل سدا رہے ، چاہت کے منتظر
فرصت اسے کبھی نہ ملی ، آزمانے سے

دل کا تقاضا روز ہی ملنے کا تھا مگر
بڑھتی ہیں نفرتیں بھی ، بے حد آنے جانے سے

اہلِ تماشہ ، اہلِ کرم کب سے ہو گئے !
رسوائی بس ملے گی ، تماشہ لگانے سے

دل نے شکست مان لی ، آخر یہ جان کر

غم وار کرنے کا ،گراں ہے ، چوٹ کھانے سے

نوشینؔ جانتی ہوں کہ اس پر اثر کہاں !

میرے ہی یاد کرنے سے یا بھول جانے سے

اب ہم نوائی چاہیے ، یا پھر جدائی چاہیے
خاموشی کے لمبے سفر کو لب کشائی چاہیے

اک دن ہوا میں ریت کی مانند جانے دیجیے
کچھ سوکھے پھولوں کو ، کتابوں سے رہائی چاہیے

کوئی بھرم ، کوئی دلاسہ ، ہم نہیں اب چاہتے
وہ بے وفا ہی ہے اگر ، تو بے وفائی چاہیے

کچھ مرحلے ہیں آشنائی کے ، ذرا دم لیجیے
حیران کرنا ہو گا ، گر دل تک رسائی چاہیے

رخصت دعاؤں میں کریں گے ، آپ بس کہہ دیجیے
گر اجنبی رستوں پہ قسمت آزمائی چاہیے

طوفان ایسا ہے ، سمندر بھی سراسیمہ لگے
بھٹکے سفینوں کو ، خدا کی ناخدائی چاہیے

نوشینؔ جن کی دھڑکنوں کو ہم سمجھتے تھے کبھی
وہ بھی سمجھتے ہیں ، ہمیں ان کی صفائی چاہیے

دوست تجھ کو تھی جلدی اگر جانے کی
دیتے جاتے ہمیں بھی خبر جانے کی

وہ خفا رہتا ، گر بات تھی کچھ غلط
سوجھی کیا ، یوں ہمیں چھوڑ کر جانے کی

یادوں کے دریا میں ڈوبنے والوں نے
کوششیں تو کی ہو گی ، اُبھر جانے کی

سوچتے ہیں ، ضرورت اسے کیا پڑی
قول سے اپنے یکسر مکر جانے کی

غیر کے سامنے ماجرا کہہ دیا
کتنی جلدی تھی ، دل سے اُتر جانے کی

میری ماں دیکھا کرتی تھی رستہ مرا
ہاں خوشی تھی! کبھی اپنے گھر جانے کی

الجھے لفظوں میں الجھے ہوئے کچھ سخن
داستاں ہیں سناتے ، بکھر جانے کی

ریت کے جیسے ، ہے جا رہی زندگی
جیت بھی لگتی ہیں ساری اب مات سی

قصہ کچھ یوں تھا پہلی ملاقات کا
دونوں چپ تھے ،مگر دونوں تھے ساتھ بھی

کچھ زمانے کے ڈر سے نبھا کر گئے
اچھی ہیں ، کچھ جہاں کی روایات بھی

آپ نے پوچھا ، ہے عشق یا دل لگی
آپ ہی عاشقی ، آپ ہی دل لگی

ہے تغافل بھی اور بے رخی ان کہی
کیا کہیں دوست کیا بات ہے آپ کی

عارضی زندگی ، آپ بھی عارضی
سوچیے ، پھر خوشی ، کیسے ہو دائمی

کچھ نہیں ہوتا ، کسی کے بے وفا ہونے سے
گھاؤ رسوائی کا گہرا ہے ، جدا ہونے سے

مطمئن ہیں وہ بہت ، دنیا سے سچ کو چھپا کر
لوگوں کو ڈر نہیں ہے ، پیشِ خدا ہونے سے

کچھ ملے یا نہ ملے ، یہ رضا میرے رب کی
سکوں ملتا ہے مگر ، لب پہ دُعا ہونے سے

ہو سکے تو گلے شکوے ، بھلا سب دیجیے گا
کوئی حاصل نہیں ، بے خود سے خفا ہونے سے

راس آئے ، سدا ہم کو تو اُداسی کے رنگ
دنیا دشمن ہو گئی ، خوش ذرا سا ہونے سے

عمر بھر، ہو نہ سکے، اپنے ہی ہم تو نوشینؔ
ہمیں فرصت نہیں ملتی، کسی کا ہونے سے

اس ہنسی میں بھی غم سمجھتے ہیں
آپ کی باتیں ہم سمجھتے ہیں

آنکھیں اب اپنی سچ نہیں کہتی !
فرض جیسے ، بھرم سمجھتے ہیں

آج کل سامنا نہیں کرتے !
اپنا وہ ہر ستم سمجھتے ہیں !

وہ تماشہ لگانے والے تھے !
لوگ پر ، محترم سمجھتے ہیں

سہہ گئے اس کی بے وفائی کو !
ہم خدا کا کرم سمجھتے ہیں

اپنا سچ بھی بتائیں وہ سب کو !

بڑا جو خود میں دم سمجھتے ہیں

جو سمجھتے ہیں ، ہم خفا ہیں دوست !

وہ ہمیں کافی کم سمجھتے ہیں

ہر دلاسہ دل کے بہلانے کو ہے
خوبصورت موسم اب جانے کو ہے

درد ان آنکھوں میں یونہی تو نہیں
جانتے ہیں ، طوفاں اک آنے کو ہے

جس کی باتوں کو لگا دل پر لیا
ناسمجھ وہ ، ہوش سے جانے کو ہے

جو بھی کرنا ہے ، خود اب کرنا ہوگا
اپنی مشکل کب کوئی اپنانے کو ہے

ان سے کوئی بھی نہیں کرتا سوال
ہر کوئی ہم کو ہی سمجھانے کو ہے

آپ نے تو آزمایا تھا فقط

اور کوئی اب جان سے جانے کو ہے

آنکھوں تک آنسو مرے آ پہنچے ہیں

اپنی حد سے اب وہ بڑھ جانے کو ہے

ایسے ہیں ہم تو پیار کے بس میں
ساز جیسے ستار کے بس میں

اب تسلی یہ دل کو دے رہے ہیں
نہیں تھی جیت ، ہار کے بس میں

دغا کی بھی دلیل ڈھونڈی ہے !
نہیں کچھ .... اعتبار کے بس میں

آگہی کا عذاب بھی بے بس !
ہوش کیسا ...... خمار کے بس میں

اب دلاسوں کے کتنے ہو مرہم ؟
زخمِ دل کب شمار کے بس میں

خزاں کا آنا تو اٹل ٹھہرا !
رُت کہاں سب بہار کے بس میں

ہونی کو کون ٹال سکتا ہے !
بس ، نہیں اختیار کے بس میں

تیر اب تو کمان سے جا چکا !
اور نہیں ہے ، شکار کے بس میں

چپ بہت رہ لیے دوست ، پر اب نہیں
آپ کی بندگی ، ہم پہ موجب نہیں

دن گزر جاتا ہے ، کارِ دنیا میں پر !
چین سے گزرے ، ایسی کوئی شب نہیں

دل کسی کا دکھانا بھی تو کفر ہے !
پر محبت کا تو کوئی مذہب نہیں !

اس کہاوت پہ اٹھتے تو ہیں کچھ سوال
رائے ہم دے سکیں ، ایسا منصب نہیں

دنیا کے ناخدا ، بن خدا بیٹھے ہیں !
نا خدائی وہ .... ، جیسے کوئی رب نہیں

مانا ، جائز سبھی کچھ ، اب اس جنگ میں
جنگ لیکن محبت کی یہ اب نہیں !

ہماری زندگی کیسے بسر ہو !
سبھی کچھ جب تمہیں سے پوچھ کر ہو

انا پر سہہ گئے ، ہم چوٹ ہنس کر
اور اس سے بڑھ کے دل کیا در گزر ہو !

ان آنکھوں سے بھرم تو ٹوٹا ہے آج
یہ ممکن ہے ، وہ اب بھی بے خبر ہو !

سرِ رہ گر ہوئی ، کوئی ملاقات !
ضروری تو نہیں ، وہ ہم سفر ہو

ہمارا مسئلہ کس کو بتائیں !
کوئی تو چارہ گر اب معتبر ہو

مبارک ہو تمہیں ساری وفائیں !
ہمیں اب بخش دو ، ممکن اگر ہو

سفر کٹتا رہا نوشینؔ تنہا !
اسی اک آس پر ، وہ دیدہ ور ہو

خود کلامی

تماشائے الم ، ایسے نہیں ہوتا !
بھلا دیں سارے غم ، ایسے نہیں ہوتا !

چلو مانا ، نہ ممکن بھول جانا ہے
ذرا ہو ذکر کم ، ایسے نہیں ہوتا !

اگر ان کی حقیقت جانتے ہیں ہم
رکھیں پھر کیوں بھرم ، ایسے نہیں ہوتا !

دغا بازوں کے پھر دلدار ہو جائیں !
نہ ممکن اس جنم ، ایسے نہیں ہوتا !

ہماری زندگی پر حق ہمارا ہے
سمجھتے ہیں یہ ہم ، ایسے نہیں ہوتا !

سجا لی مسکراہٹ ہونٹوں پر لیکن
یہ آنکھیں بھی ہیں نم ، ایسے نہیں ہوتا !

ستم کی خشک سالی کھا گئی ، اور اب !
اُٹھا ابرِ کرم ...... ایسے نہیں ہوتا !

تغافل کو طبیعت کیوں سمجھ لیں ہم !
یہ ناگفتہ ستم ، ایسے نہیں ہوتا !

اگر دن آخری ہو آج دنیا میں
منا لیں رب کو ہم ! ایسے نہیں ہوتا !

دنیا اور ہم

کبھی سوچتے ہیں کہ کر کیا رہے ہیں
نہیں جانتے ہیں ، کیسے جا رہے ہیں

ملی زندگی کیوں ، یہ سوچا نہ ہم نے
زمانے کی صورت ، جیے جا رہے ہیں

ہوئے ختم اہلِ کرم اس زمیں سے
بشر ہی بشر بس ہوئے جا رہے ہیں

سکوں کیوں میسر نہیں اس جہاں میں
سکوں بے قراری دیے جا رہے ہیں

نہیں کوئی منزل ، سمجھ آتی ہم کو
نظر میں ٹھکانے نئے آ رہے ہیں

فقط کیوں زمانے کی پروا رہی اب
خطا پر خطا ہم کیے جا رہے ہیں

خوشی کے سودے ، غم دے کر ، ہمیں کب راس ہوتے ہیں
اثاثے قیمتی سب سے ، وفا کے پاس ہوتے ہیں !
محبت کر نہیں سکتا ، یہاں ہر شخص تو نوشینؔ
محبت کرنے والے دل ، بڑے ہی خاص ہوتے ہیں

بچھڑنے والے کیسے بھول جائیں
نہیں ہم ، تیری یادیں جان بر ہیں

زندگی چپکے چپکے گزرتی گئی
آرزو تو فقط آرزو ہی رہی
بعض سپنے حقیقت کبھی نہ ہوئے
اور اکثر حقیقت گماں سی رہی

اپنے ہی فہم کے طعنوں کی کڑی زد میں ہوں
آگ دیتا ہوا کوئی ، تو سِسکتا کوئی
دل نہ سمجھا ، یہ محبت کے تقاضے ، نوشینؔ!
دل کی ناسمجھی کو بھی کاش سمجھتا کوئی

اچھا ہے کون ، کون برا انتہا کا ہے
اے دنیا والو! فیصلہ یہ تو خدا کا ہے

آپ کے شہر سے جب کوئی آتا ہے
زخم کوئی نیا دل کو دے جاتا ہے
ہم خفا بھی نہیں، پر ملیں گے نہیں!
یادِ ماضی میں وہ شخص لے جاتا ہے

یاد آتا رہا وہ ، بچھڑنے کے بعد
جیسے گرجے گھٹا ، بجلی گرنے کے بعد

اگر دل بس میں ہوتا ، تجھ کو ایسی ہم سزا دیتے
کہ نفرت کی کہانی کو ، کوئی تو رخ نیا دیتے
ہماری نفرتوں کے بھی وہ اب قابل نہیں نوشین
اچھا ہوتا ، اگر اس بے وفا کو ہم بھُلا دیتے

حوصلہ جو رکھتے تھے ، اپنی جان لینے کا
گردشِ زمانہ سے ، کاش وہ الجھ جاتے

یہ دل اڑ گیا ترکِ الفت پہ نوشینؔ
کہ اس کی رفاقت کو سہنا سزا ہے
کڑی دھوپ میں چل تو سکتے ہیں لیکن
کڑی دھوپ میں بیٹھے رہنا سزا ہے

روئے ہم پھوٹ پھوٹ کر نوشینؔ

غم کو تنہائی سے چھپانا کیا

کچے پھل کو گرا دیا زمیں پر
دھوکا اس بار خود شجر نے دیا

ربطِ باہم بھی گوارا نہ کرے
دل کسی طور گزارا نہ کرے
اب صدا آے نہ دل تک نوشینؔ
اُسے کہنا کہ پکارا نہ کرے

مجھے تو تم انا کا بت سمجھتے ہو
چلو تم ہی منانے میں پہل کر دو

ہم سے جو کبھی غلط ہوا ہے
دل نے کڑا احتساب کیا ہے
بے چین رہا ہے مدتوں دل
تب رحم کہیں جا کر ہوا ہے

بے وفائی تو کی ہے اکثر لوگوں نے
آپ کا اتنا مگر کیوں چرچا ہوا

کہانی یہ بھی نئی نہیں ہے
وہی پرانا معاملہ ہے
یہ ڈر ہے دل پھر نہ ہار جائے
انا کا دل سے مقابلہ ہے

ڈوبتے کو تنکے کا سہارا نہیں ہے
اپنا حکایت میں اب گزارا نہیں ہے

سب مناظر کے پسِ منظر میں تم ہی
یہ سفر تیرے تصور کی ، رہا نذر

شوق تو بڑھتا ہی پھر گیا !
راہ میں جب زمانہ ملا...

کوئی بگڑا ، کوئی سنور رہا ہے
کوئی بے چین سال بھر رہا ہے
سالِ نو اک اشارہ ہے ، کہ سنبھل
وقت یہ تیزی سے گزر رہا ہے !!

ریزہ ریزہ ہوا میں اُڑا دیجیے
پھول سوکھے کتابوں میں دکھ دیتے ہیں

سفر بھی ہے ، کاروان بھی ہے
لٹیرے پر درمیان بھی ہیں
یہ کرسی کا ملنا جیت کب ہے ؟
یہ کرسی اک امتحان بھی ہے

ماں گزر جائے ، اگر بچوں کو وہ گھر
گھر نہیں لگتا ، کوئی جنگل لگتا ہے

کیا لگا کے رکھی ہے پیار کی رٹ

پیار سے بڑھ کے یہاں عزت ہے

اور انا سے بڑی عزت بھی نہیں

کہ عداوت کی بھی اپنی لت ہے

میری مجبوریوں کو کم نہ سمجھ
پتّہ کیسے ہوا سے لڑ جاتا ؟

کرے حشر برپا یہاں ہر کوئی
یہ محفل نہیں ہے ہمارے لیے

وسعتِ یاراں نے ، ہم کو کیا دیا پھر!
ٹوٹی اک دیوار کو تھاما تو سوچا

تم بھی کبھی سمجھو کہانی لہروں کی
ان ساحلوں پر ترجمانی لہروں کی
سب رنجشیں دل سے بہا لے جاتی ہیں
میری محبت ہے روانی لہروں کی

لاحاصل ، بارعب حسیں تر رہے ہیں
اک دنیا کی نظروں کا محور رہے ہیں
ویرانے سے مت پوچھ ، اداسی کا سبب
یہ صحرا بھی پہلے سمندر رہے ہیں

ہوا کے دوش پر بے بس ہوا جو
وہ ٹوٹا پتّا کیوں آوارہ ٹھہرا

ویرانی میں نہ اپنا گزارا ہے
محفل میں تیری تنہا ، گوارا ہے

جانے والے جہاں سے گئے
لوگوں کو اک فسانہ ملا

محبت کے اثر میں خواب اب تک !
تجھے خوابوں میں پھر دیکھا تو سوچا

رات اور دن کے اس تماشے کو

زندگی سب سمجھتے ہیں شاید

کرونا کے نام

ہاری آوارگی تو اس وبا سے
سال بھر ایک شخص گھر رہا ہے

اعتراف

قرینے سے تیری بندگی نہیں ہوتی
کہ خواہشوں پر شرمندگی نہیں ہوتی

دھوکا

کسی کی بے وفائی پر
پلٹ کر وار کیا کرنا !
پر اک حد تک
اسے دیں گے
سزا بھی ہم

مہلت

زندگی سے روز ہی ہم
زندگی کو مانگتے ہیں
ایک دن اور مانگتے ہیں !

تجربہ

اسے شاید
محبت کی بھی عادت تھی !
ہم آنکھیں پڑھنے والے تھے !

مان

ایک دل
مان کے بادلوں سے پہلے بھر دیا
اور پھر
" لہجے کی بجلیاں "
بارشیں ہیں کہ تھمتی نہیں !

تارے ناچتے ہیں

بے وفائی نے کسی کی
دن کو بھی اب
رات جیسا کر دیا ہے
ہر سو تارے ناچتے ہیں !

سرِعام

خیال کا کمال بھی
کمال خوب ہوتا ہے !
کہ ہم نے سب کے سامنے
تجھے پھر اپنا دیکھا ہے !

مزاج

موسم کی سردی
لہجے کی گرمی!
ان کے درمیاں اب
ہم بے تاثر ہیں

اندازہ

یوں اندازے لگاتے ہیں !
کہ جیسے وہ
مرے گھر میں
ہی رہتے ہیں

محبت کی حد

تمہارے سامنے شاید
محبت کی یہی حد ہے
مگر جو شدتیں یہ دل سمجھتا ہے
اب اس سے کم پہ راضی یہ نہیں ہوتا !

سامنا

اس نے اک بار للکارا تھا !

اور ہم عمر بھر

سامنے آئے تھے !

رنجش

وہ ہمیں آواز دیتا
ہم مدد کرنے نہ آتے !
رنجش ایسی بھی نہیں تھی !

محبت کے دکھ

محبت امر ہے!
نہیں جانتے ہم
مگر اس محبت کے سب دکھ
امر ہیں

کم ظرف

دل کی دل میں رہے تو اچھا ہے!
ظرف ان کا ، سمجھ گئے ہیں ہم
اور گلے شکوے معتبر سے ہیں

منزل

وقت کی دھول جیسا تھا وہ

اس کی منزل کیسے ہو پتا !

میں تو اک دریا مجھ

کو سمندر میں ہی

گرنا تھا !

ہجر ہی ہجر

ملنے پر ہم بتائیں گے سب
داستاں ہجر کی !
جاگتی آنکھوں ہر شب یہ سوچا تھا ، پر !
ہجر ہی ہجر میں
کھو دیں گے ہم اسے
ہم نے یا رب یہ کب سوچا تھا

روایت

جان پر کھیل کر
وہ نبھاتا ہمیں
کاش ہوتے ! ”روایت کوئی“

آزمائش

تالے زباں پر ہیں ، دل آتش فشاں ہے
خاموشی میں پنہاں اک طوفاں ہے
دشوار ہے ، مشکل ہے ، کٹھن ہے ، گراں ہے
یوں چپ رہنا ، جن کے منہ میں زباں ہے

کہا

یہ آنکھیں اب
کب سنتی ہیں ؟
دل رویا .... پر !
اشک نہ آئے

بے ذوق

شاید بہت بے ذوق تھا!
ہم کو سمجھ پایا نہیں
اک شعر جیسے تو تھے ہم
"تشریح پر ہی منحصر"

بے معنی

اکثر فعل بے معنی بھی ہیں !

بے سبب اک پتھر پھینکا

تب ہم نے ایسا سوچا

آگ اور پانی

پانی چاہے گرم بھی ہو !
آگ لیکن یہ بجھا ہی دیتا ہے
رنجشوں کی آگ بھی
منتظر ہے اس صدا کی
جو ہو پانی جیسی بھی

فطرت

تڑپنا
تو فطرت ہے دل کی
دل اب درد کوئی نیا مانگتا ہے !

سزا

یہ آنکھیں
بصارت سے بڑھ کر رکھی تھیں
سزا بھی ملی پھر !
"بے خوابی"

چھوٹا

وہ تو کہتا تھا یہ
" میں سمندر سے بھی گہرا ہوں "
اب سمندر کے سینے میں تو
صدیوں کے راز بھی دفن ہیں
سوچتے ہیں ! سمندر کی وسعت کہاں
اور بھلا وہ کہاں !

ہجومِ آگہی

سبھی طرف سے ہے نئی خبر!
ہجومِ آگہی کے اس نئے زمانے میں
دل اب تو ہو رہا ہے بے اثر

خواب

اپنے ہاتھوں میں
میں نے دیکھے ہیں اکثر
ہاتھ اپنی ماں کے

www.facebook.com/NosheensDiaries